Impressum
Verlag: BABADADA GmbH, Nedderfeld 112 , 22529 Hamburg
Geschäftsführer / Verlagsleitung: Harald Hof
Druck: Books on Demand GmbH, In de Tarpen 42, 22848 Norderstedt

Imprint
Publisher: BABADADA GmbH, Nedderfeld 112 , 22529 Hamburg, Germany
Managing Director / Publishing direction: Harald Hof
Print: Books on Demand GmbH, In de Tarpen 42, 22848 Norderstedt

# kool

# school

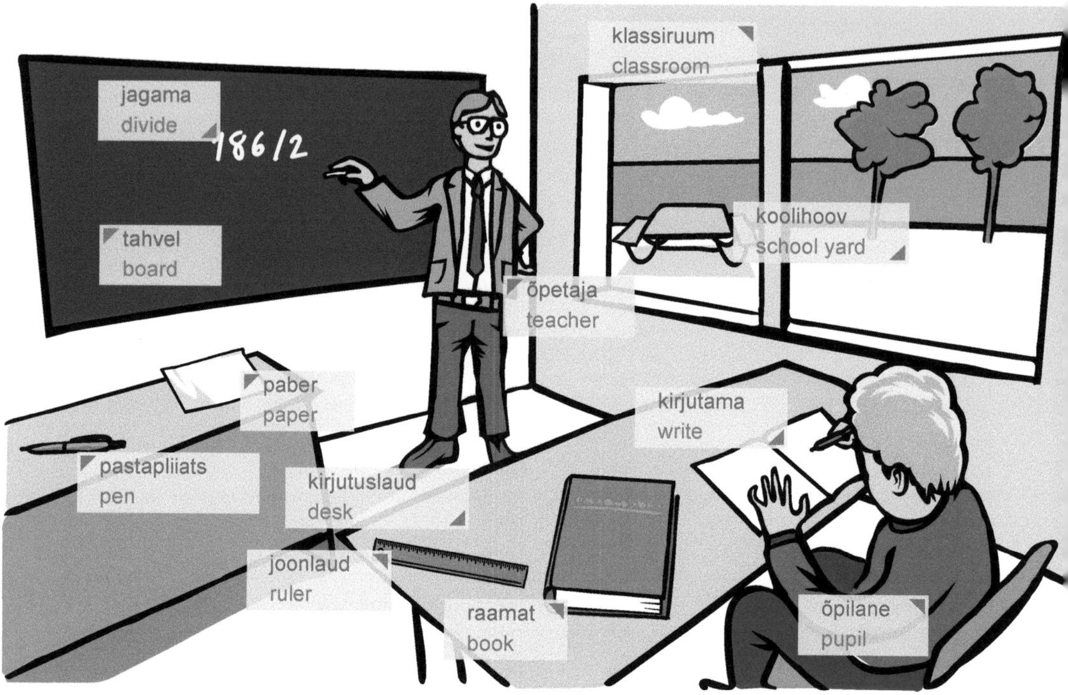

klassiruum
classroom
jagama
divide
186/2
tahvel
board
koolihoov
school yard
õpetaja
teacher
paber
paper
kirjutama
write
pastapliiats
pen
kirjutuslaud
desk
joonlaud
ruler
raamat
book
õpilane
pupil


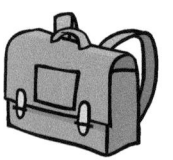

koolikott

satchel

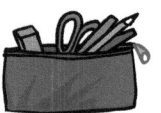

pinal

pencil case

harilik pliiats

pencil

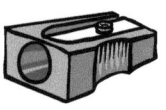

pliiatsiteritaja

pencil sharpener

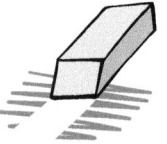

kustukumm

rubber

joonistusplokk

drawing pad

joonistus

drawing

pintsel

paintbrush

värvikarp

paint box

käärid

scissors

liim

glue

töövihik

exercise book

kodutöö

homework

**12**

number

number

**2+2**

liitma

add

**5-2**

lahutama

subtract

**2×2**

korrutama

multiply

arvutama

calculate

**A**

täht

letter

**ABCDEFG
HIJKLMN
OPQRSTU
VWXYZ**

tähestik

alphabet

**hello**

sõna

word

tekst

text

lugema

read

kriit

chalk

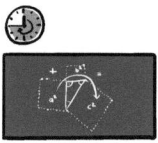

koolitund

lesson

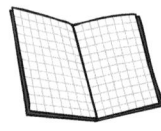

klassipäevik

register

eksam

exam

tunnistus

certificate

koolivorm

school uniform

haridus

education

entsüklopeedia

encyclopedia

ülikool

university

mikroskoop

microscope

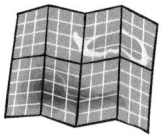

kaart

map

paberikorv

waste-paper basket

# reisimine
## travel

hotell
hotel
Grand
hostel
hostel
ROOMS
valuutavahetuspunkt
bureau de change
CHANGE
kohver
suitcase
auto
car

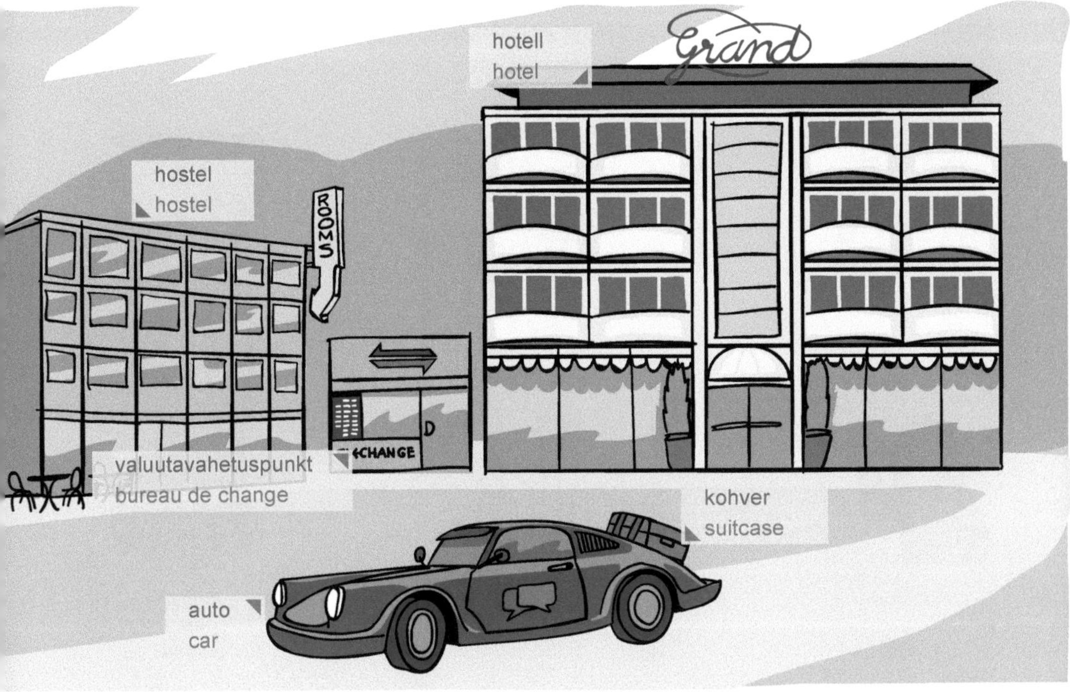

keel

language

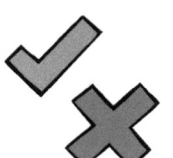

jah / ei

yes / no

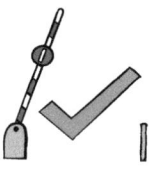

okei

Okay

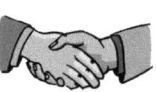

Tere!

hello

tõlk

translator

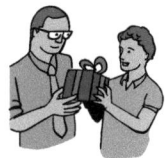

Aitäh!

Thank you

**Kui palju maksab ...?**

how much is...?

**Ma ei saa aru**

I do not understand

**probleem**

problem

**Tere õhtust!**

Good evening!

**Tere hommikust!**

Good morning!

**Head ööd!**

Good night!

**Head aega!**

bye bye

**suund**

direction

**pagas**

luggage

**kott**

bag

**seljakott**

backpack

**külaline**

guest

**tuba**

room

**magamiskott**

sleeping bag

**telk**

tent

turismiinfo

tourist information

rand

beach

krediitkaart

credit card

hommikusöök

breakfast

lõunasöök

lunch

õhtusöök

dinner

pilet

ticket

lift

lift

postmark

stamp

riigipiir

border

toll

customs

saatkond

embassy

viisa

visa

pass

passport

# transport
# transport

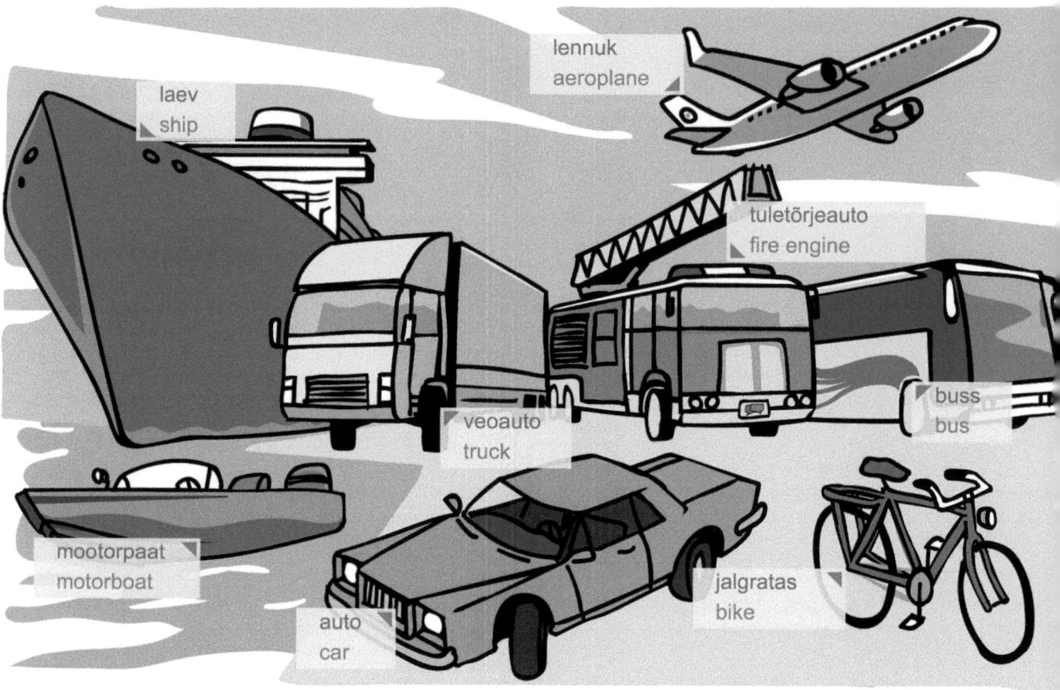

lennuk
aeroplane
laev
ship
tuletõrjeauto
fire engine
buss
bus
veoauto
truck
mootorpaat
motorboat
jalgratas
bike
auto
car


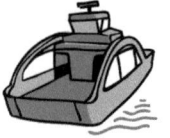

praam

ferry

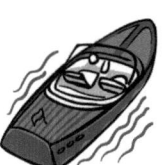

paat

boat

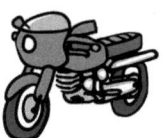

mootorratas

motorbike

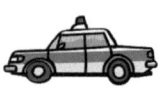

politseiauto

police car

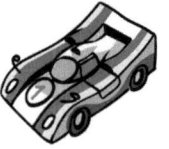

võidusõiduauto

racing car

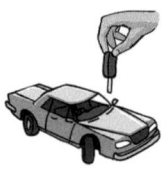

rendiauto

rental car

**ühisauto**
car sharing

**puksiirauto**
breakdown truck

**prügiauto**
refuse truck

**mootor**
motor

**kütus**
fuel

**tankla**
petrol station

**liiklusmärk**
traffic sign

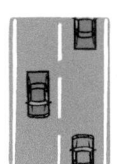

**liiklus**
traffic

**liiklusummik**
traffic jam

**parkla**
car park

**raudteejaam**
train station

**rööpad**
tracks

**rong**
train

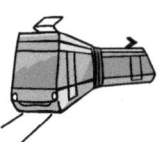

**tramm**
tram

**vagun**
carriage

transport - transport

helikopter
helicopter

lennujaam
airport

torn
tower

reisija
passenger

konteiner
container

pappkast
carton

käru
cart

korv
basket

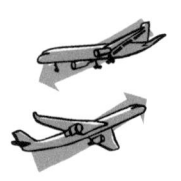

õhku tõusma / maanduma
take off / land

## linn

## city

küla
village

kesklinn
city centre

maja
house

kino
cinema

reklaam
advert

tänavalatern
street lamp

CINEMA

tänav
street

takso
taxi

jalakäija
pedestrian

kiosk
snack shop

kõnnitee
pavement

ülekäigurada
zebra crossing

prügikonteiner
bin

ristmik
crossing

valgusfoor
traffic lights

osmik
hut

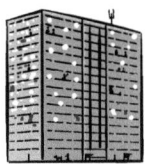

kortermaja
flat

raudteejaam
train station

raekoda
town hall

muuseum
museum

kool
school

**ülikool**

university

**pank**

bank

**haigla**

hospital

**hotell**

hotel

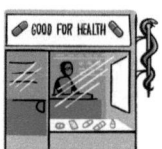

**apteek**

pharmacy

**kontor**

office

**raamatupood**

book shop

**kauplus**

shop

**lillepood**

florist's

**supermarket**

supermarket

**turg**

market

**kaubamaja**

department store

**kalapood**

fishmonger's

**kaubanduskeskus**

shopping centre

**sadam**

harbour

park
park

pink
bench

sild
bridge

trepp
stairs

metroo
underground

tunnel
tunnel

bussipeatus
bus stop

baar
bar

restoran
restaurant

postkast
postbox

tänavasilt
street sign

parkimisautomaat
parking meter

loomaaed
zoo

ujula
swimming pool

mošee
mosque

talu
farm

reostus
pollution

surnuaed
graveyard

kirik
church

mänguväljak
playground

tempel
temple

# maastik
# landscape

leht
leaf

teeviit
signpost

tee
way

aas
meadow

kivi
stone

matkaja
hiker

puu
tree

jõgi
river

rohi
grass

lill
flower

org

valley

mägi

hill

järv

lake

mets

forest

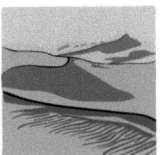

kõrb

desert

vulkaan

volcano

linnus

castle

vikerkaar

rainbow

seen

mushroom

palm

palm tree

sääsk

mosquito

kärbes

fly

sipelgas

ant

mesilane

bee

ämblik

spider

mardikas

beetle

konn

frog

orav

squirrel

siil

hedgehog

jänes

hare

öökull

owl

lind

bird

luik

swan

metssiga

boar

hirv

deer

põder

moose

pais

dam

tuuleturbiin

wind turbine

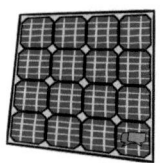

päikesepaneel

solar panel

kliima

climate

# restoran
## restaurant

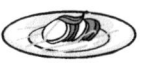

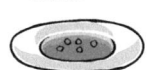

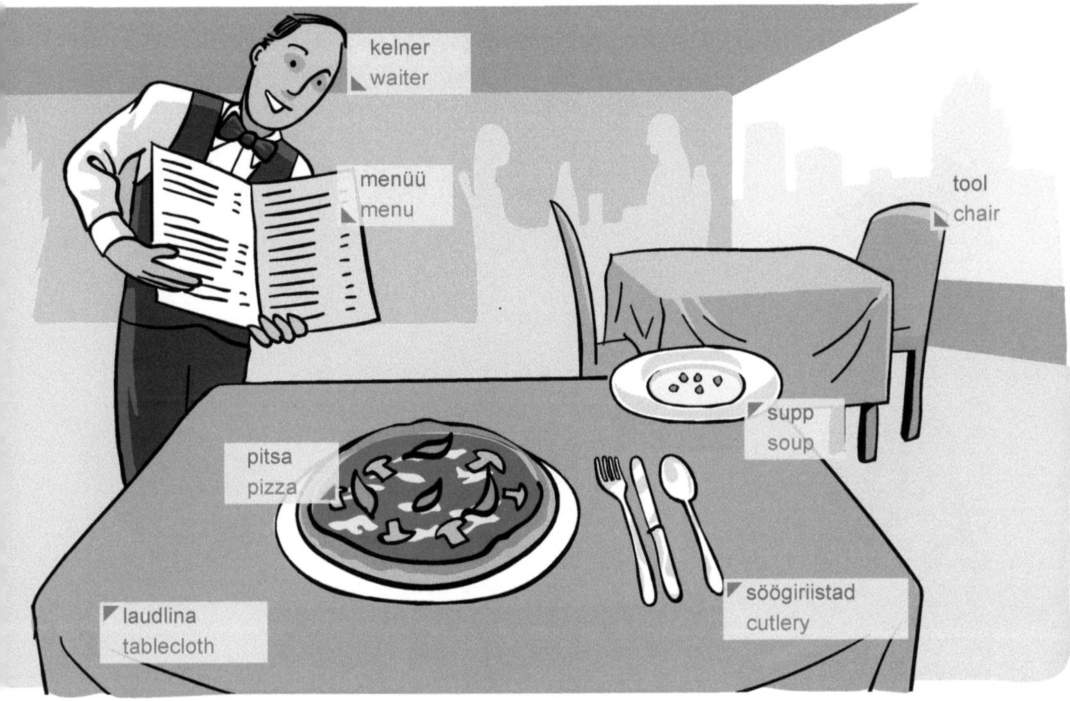

kelner
waiter
menüü
menu
tool
chair
supp
soup
pitsa
pizza
söögiriistad
cutlery
laudlina
tablecloth


eelroog

starter

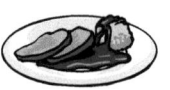

pearoog

main course

magustoit

dessert

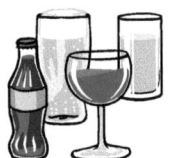

joogid

drinks

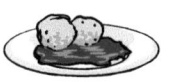

toit

food

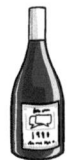

pudel

bottle

kiirtoit

fast food

tänavatoit

street food

teekann

teapot

suhkrutoos

sugar bowl

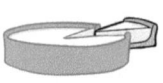

portsjon

portion

espressomasin

espresso machine

lastetool

high chair

arve

bill

kandik

tray

nuga

knife

kahvel

fork

lusikas

spoon

teelusikas

teaspoon

salvrätik

serviette

klaas

glass

**taldrik**
plate

**supitaldrik**
soup plate

**alustass**
saucer

**kaste**
sauce

**soolatoos**
salt pot

**pipraveski**
pepper mill

**äädikas**
vinegar

**õli**
oil

**vürtsid**
spices

**ketšup**
ketchup

**sinep**
mustard

**majonees**
mayonnaise

# supermarket

# supermarket

eripakkumine
special offer
FOR
klient
customer
piimatooted
dairy
puuviljad
fruit
ostukäru
trolley

BUTCHERS

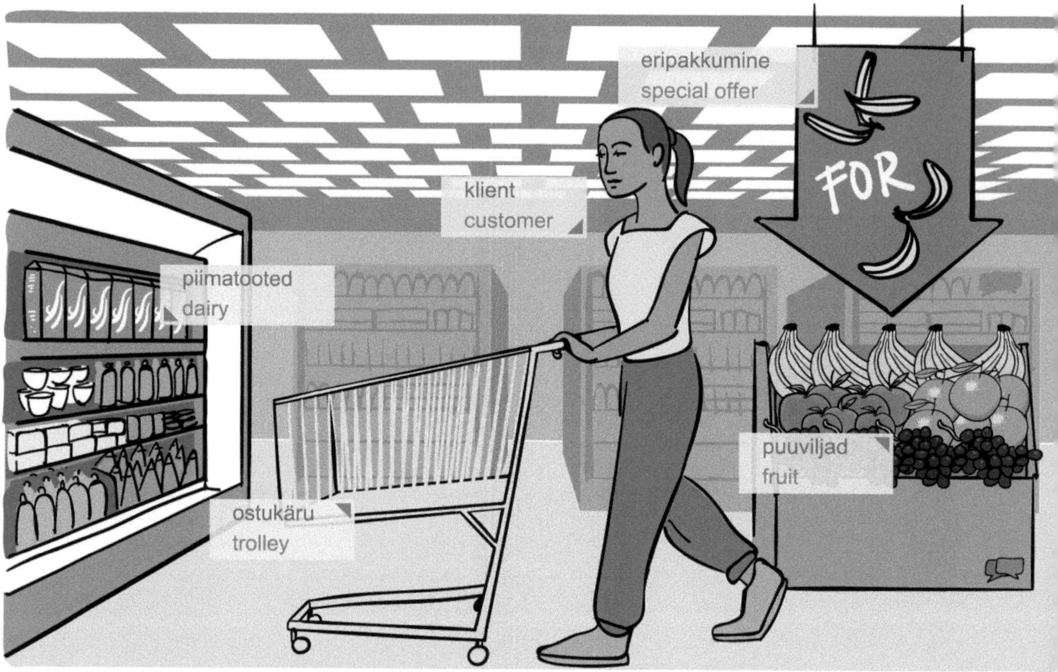

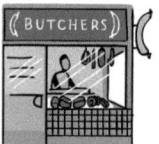

lihapood

butcher´s

BAKERY

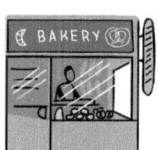

pagariäri

baker´s

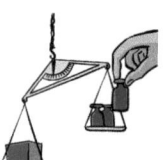

kaaluma

weigh

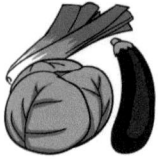

köögiviljad

vegetables

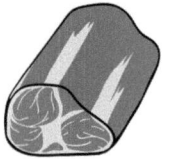

liha

meat

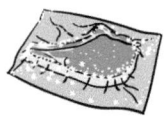

külmutatud toit

frozen food

lihalõigud

cold meat

konservid

tinned food

pesupulber

washing powder

maiustused

sweets

majatarbed

household products

puhastustooted

cleaning products

müüja

salesperson

kassaaparaat

till

kassapidaja

cashier

ostunimekiri

shopping list

lahtiolekuajad

opening hours

rahakott

wallet

krediitkaart

credit card

kott

bag

kilekott

plastic bag

vesi

water

mahl

juice

piim

milk

koola

coke

vein

wine

õlu

beer

alkohol

alcohol

kakao

cocoa

tee

tea

kohv

coffee

espresso

espresso

cappuccino

cappuccino

banaan

banana

õun

apple

apelsin

orange

arbuus

melon

sidrun

lemon

porgand

carrot

küüslauk

garlic

bambus

bamboo

sibul

onion

seen

mushroom

pähklid

nuts

nuudlid

noodles

spagetid

spaghetti

riis

rice

salat

salad

friikartulid

chips

praekartulid

fried potatoes

pitsa

pizza

hamburger

hamburger

võileib

sandwich

šnitsel

cutlet

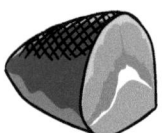

sink

ham

salaami

salami

vorst

sausage

kana

chicken

praeliha

roast

kala

fish

kaerahelbed

porridge oats

müsli

muesli

maisihelbed

cornflakes

jahu

flour

sarvesai

croissant

kukkel

bread roll

leib

bread

röstsai

toast

küpsised

biscuits

või

butter

kohupiim

curd

kook

cake

muna

egg

praemuna

fried egg

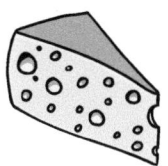

juust

cheese

jäätis

ice cream

suhkur

sugar

mesi

honey

moos

jam

pähklivõie

chocolate spread

karri

curry

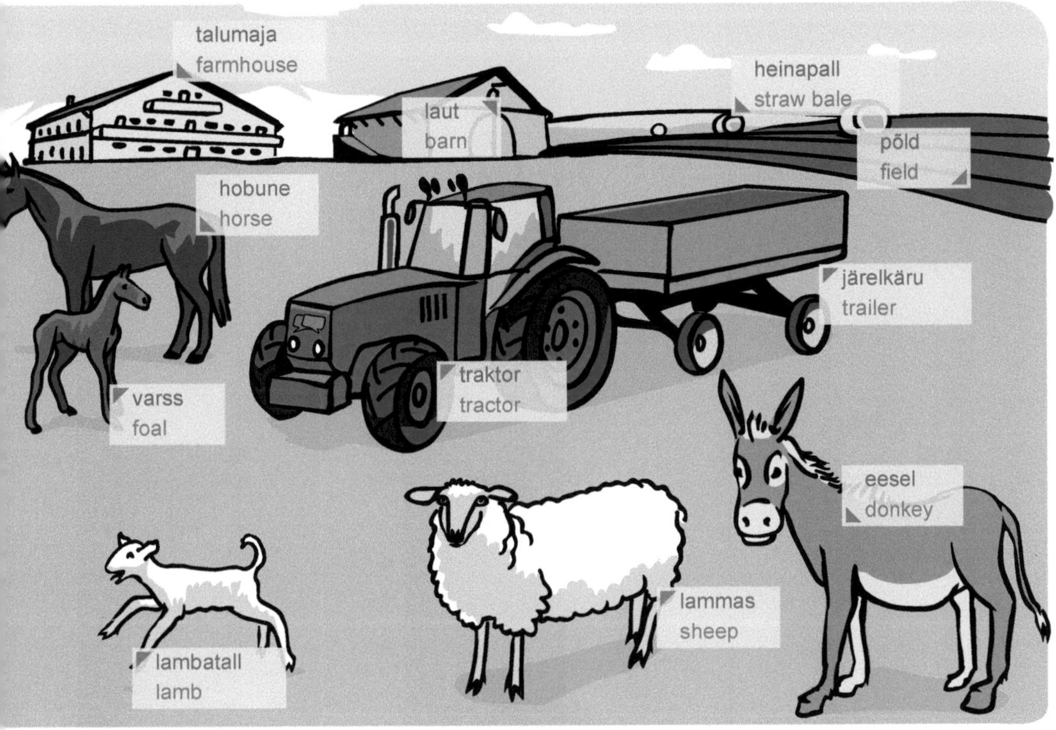

talumaja
farmhouse

heinapall
straw bale

laut
barn

põld
field

hobune
horse

järelkäru
trailer

varss
foal

traktor
tractor

eesel
donkey

lammas
sheep

lambatall
lamb

kits

goat

lehm

cow

vasikas

calf

siga

pig

põrsas

piglet

pull

bull

hani

goose

part

duck

tibu

chick

kana

hen

kukk

cock

rott

rat

kass

cat

hiir

mouse

härg

ox

koer

dog

koerakuut

doghouse

aiavoolik

garden hose

kastekann

watering can

vikat

scythe

ader

plough

sirp

sickle

kõblas

hoe

hang

pitchfork

kirves

axe

käru

wheelbarrow

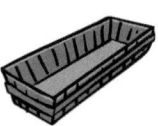

küna

trough

piimanõu

milk can

kott

sack

tara

fence

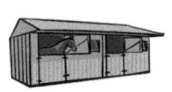

tall

stable

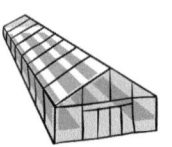

kasvuhoone

greenhouse

muld

soil

seeme

seed

väetis

fertilizer

kombain

combine harvester

saaki koristama

harvest

saagikoristus

harvest

jamss

yams

nisu

wheat

soja

soy

kartul

potato

mais

corn

raps

rapeseed

viljapuu

fruit tree

maniokk

cassava

teravili

cereals

# maja

# house

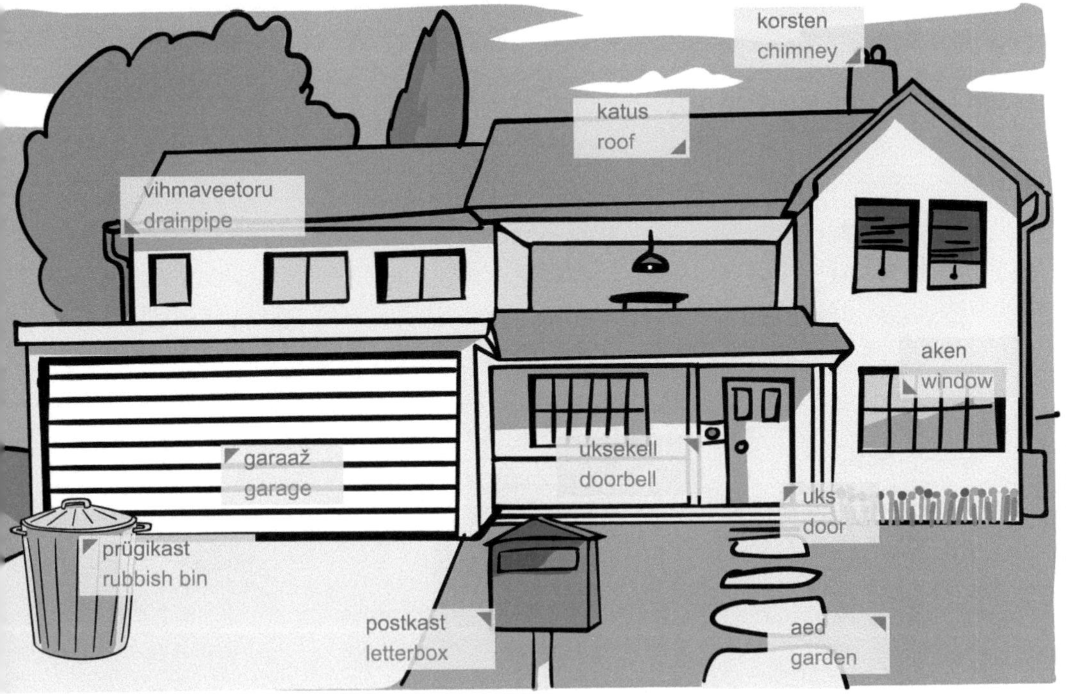
korsten
chimney
katus
roof
vihmaveetoru
drainpipe
aken
window
garaaž
garage
uksekell
doorbell
uks
door
prügikast
rubbish bin
postkast
letterbox
aed
garden

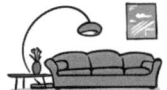

elutuba

living room

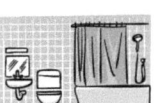

vannituba

bathroom

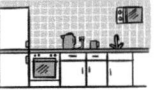

köök

kitchen

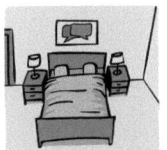

magamistuba

bedroom

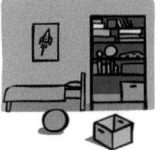

lastetuba

child's room

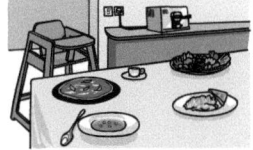

söögituba

dining room

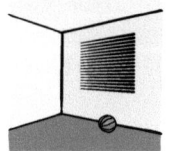

põrand

floor

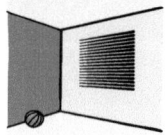

sein

wall

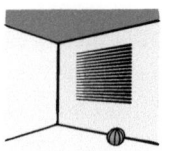

lagi

ceiling

kelder

cellar

saun

sauna

rõdu

balcony

terrass

terrace

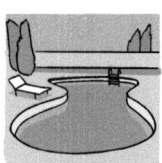

bassein

pool

muruniiduk

lawn mower

voodilina

sheet

päevatekk

bedspread

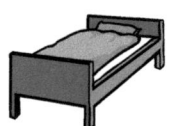

voodi

bed

luud

broom

ämber

bucket

lüliti

switch

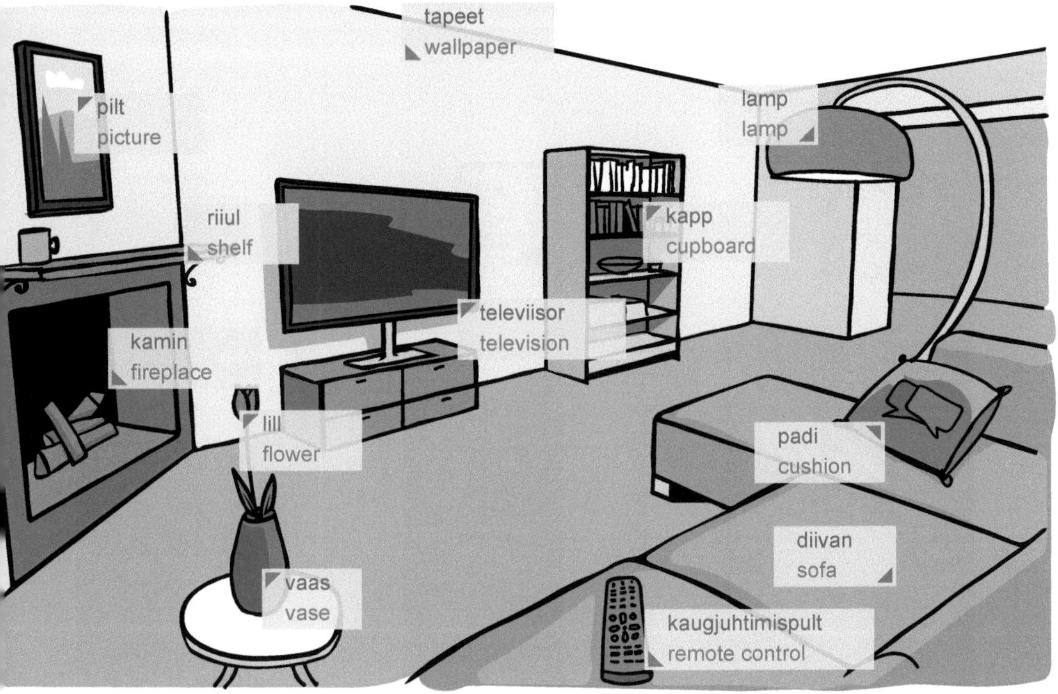

tapeet
wallpaper

pilt
picture

lamp
lamp

riiul
shelf

kapp
cupboard

kamin
fireplace

televiisor
television

lill
flower

padi
cushion

diivan
sofa

vaas
vase

kaugjuhtimispult
remote control

**vaip**
carpet

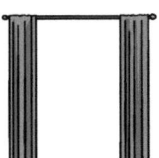

**kardin**
curtain

**laud**
table

**tool**
chair

**kiiktool**
rocking chair

**tugitool**
armchair

raamat

book

tekk

blanket

kaunistus

decoration

küttepuud

firewood

film

film

helisüsteem

hi-fi equipment

võti

key

ajaleht

newspaper

maal

painting

plakat

poster

raadio

radio

märkmik

notepad

tolmuimeja

hoover

kaktus

cactus

küünal

candle

# köök
# kitchen

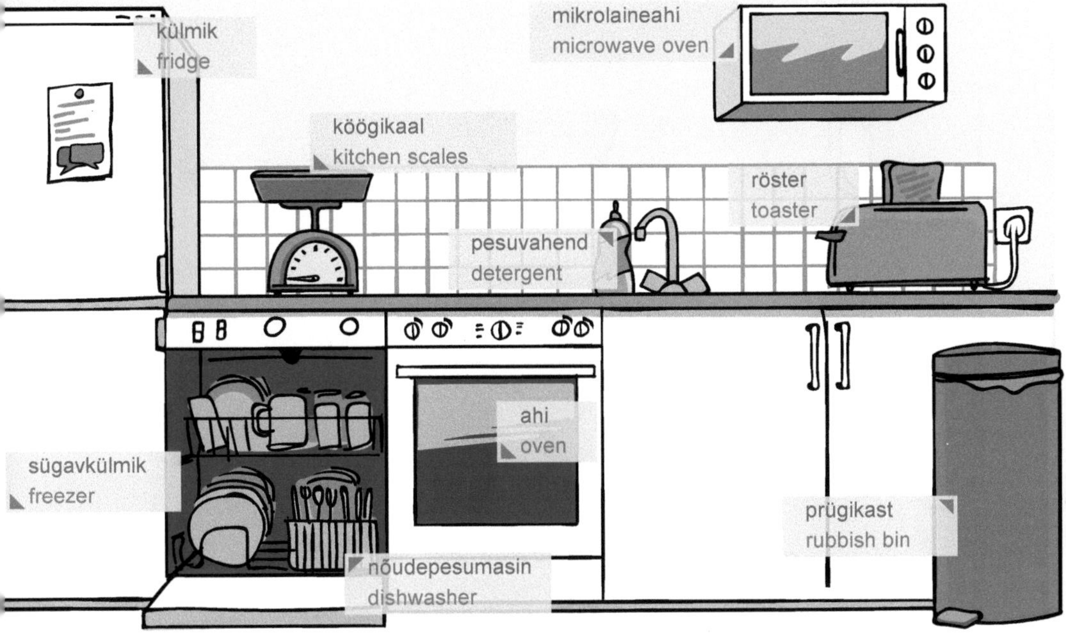

külmik
fridge
mikrolaineahi
microwave oven
köögikaal
kitchen scales
röster
toaster
pesuvahend
detergent
ahi
oven
sügavkülmik
freezer
prügikast
rubbish bin
nõudepesumasin
dishwasher


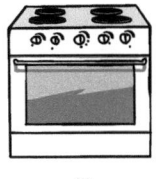

pliit

cooker

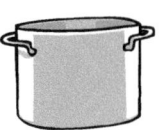

pott

pot

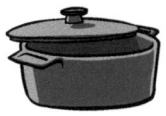

malmpott

cast-iron pot

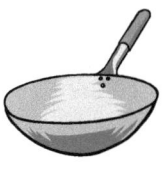

vokkpann

wok / kadai

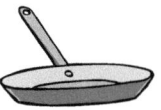

pann

pan

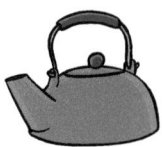

veekeetja

kettle

aurutaja

steamer

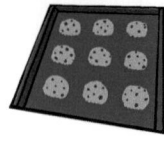

küpsetusplaat

baking tray

lauanõud

crockery

kruus

mug

kauss

bowl

söögipulgad

chopsticks

kulp

ladle

pannilabidas

spatula

vispel

whisk

kurn

strainer

sõel

sieve

riiv

grater

uhmer

mortar

grill

barbecue

lahtine tuli

open fire

lõikelaud

chopping board

tainarull

rolling pin

korgitser

corkscrew

konservipurk

can

konserviavaja

can opener

pajakinnas

pot holder

kraanikauss

sink

hari

brush

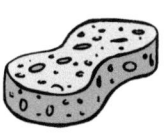

pesukäsn

sponge

kannmikser

blender

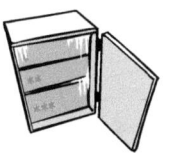

sügavkülmuti

deep freezer

lutipudel

baby bottle

segisti

tap

köök - kitchen

# vannituba

# bathroom

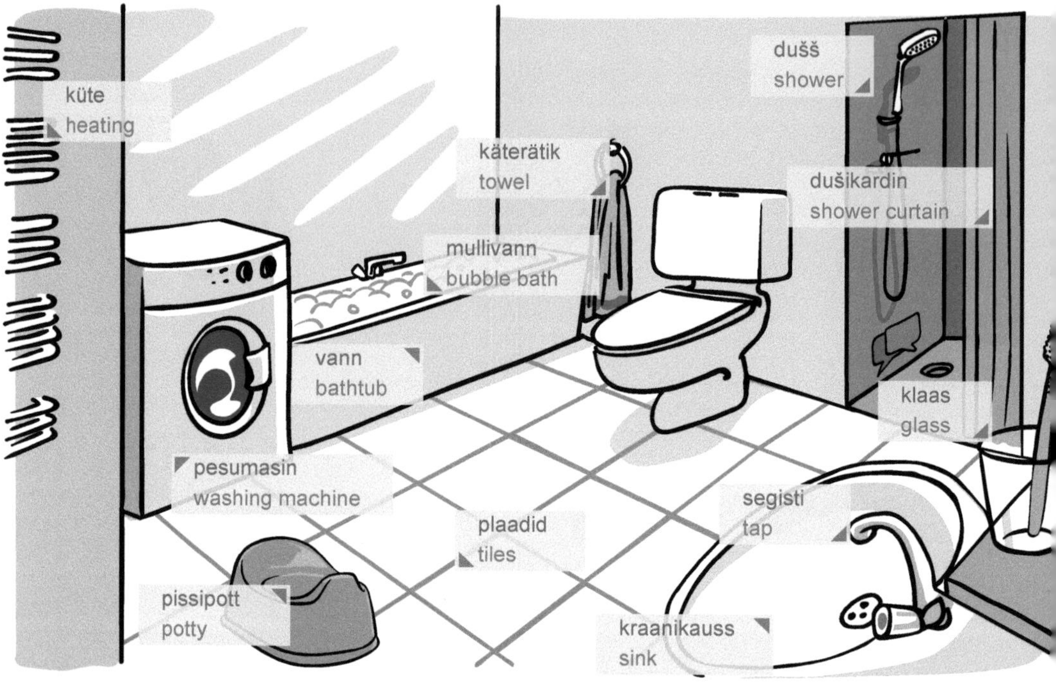

küte
heating
käterätik
towel
dušš
shower
dušikardin
shower curtain
mullivann
bubble bath
vann
bathtub
klaas
glass
pesumasin
washing machine
segisti
tap
plaadid
tiles
pissipott
potty
kraanikauss
sink


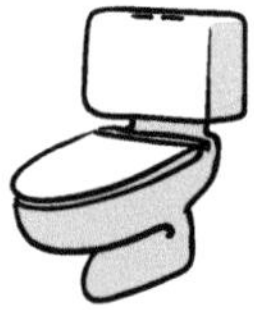

WC-pott
toilet

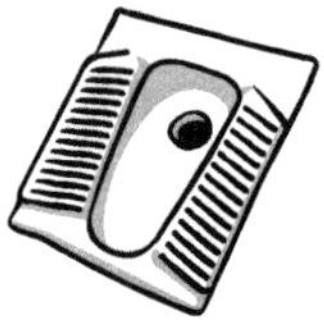

kükitamistualett
squat toilet

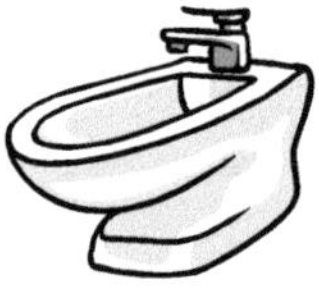

bidee
bidet

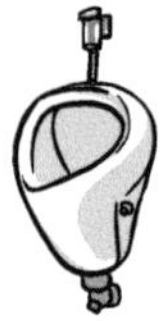

pissuaar
urinal

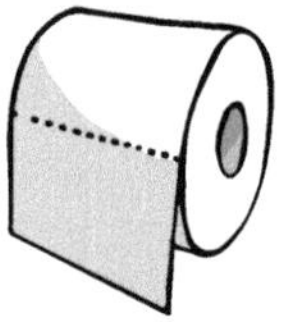

tualettpaber
toilet paper

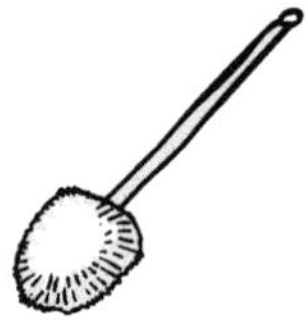

WC-hari
toilet brush

**hambahari**
toothbrush

**hambapasta**
toothpaste

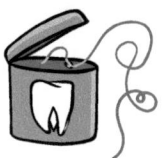

**hambaniit**
dental floss

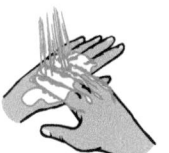

**pesema**
wash

**käsidušš**
handheld shower

**intiimdušš**
douche

**pesukauss**
basin

**seljahari**
back brush

**seep**
soap

**dušigeel**
shower gel

**šampoon**
shampoo

**vamm**
flannel

**äravool**
drain

**kreem**
cream

**deodorant**
deodorant

peegel

mirror

käsipeegel

hand mirror

habemenuga

razor

raseerimisvaht

shaving foam

habemevesi

aftershave

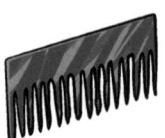

kamm

comb

hari

brush

föön

hair dryer

juukselakk

hairspray

meigikomplekt

makeup

huulepulk

lipstick

küünelakk

nail varnish

vatt

cotton wool

küünekäärid

nail scissors

parfüüm

perfume

tualett-tarvete kott

washbag

taburet

stool

kaal

weighing scale

hommikumantel

bathrobe

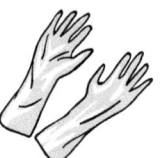

kummikindad

rubber gloves

tampoon

tampon

hügieeniside

sanitary towel

keemiline tualett

chemical toilet

# lastetuba

# child's room

äratuskell
alarm clock
pehme mänguasi
cuddly toy
mänguauto
toy car
kõristi
rattle
nukumaja
doll's house
kingitus
present


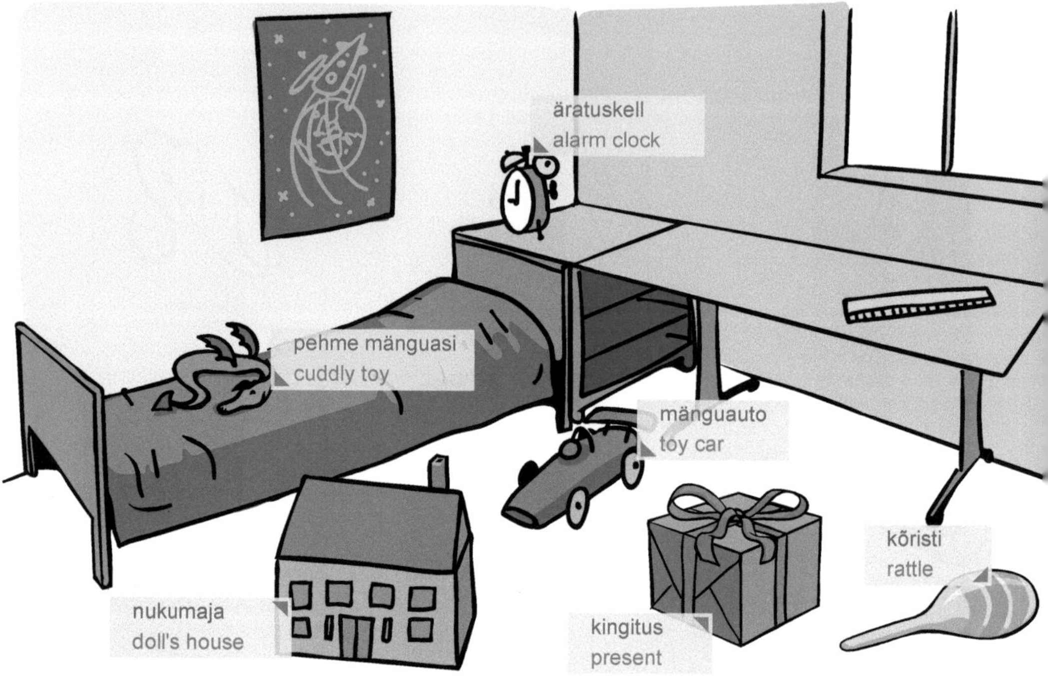

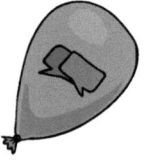

õhupall

balloon

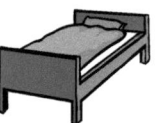

voodi

bed

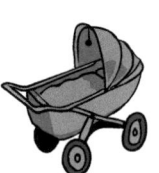

lapsevanker

pram

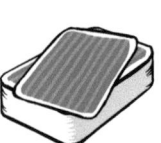

kaardipakk

deck of cards

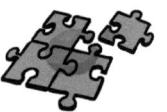

pusle

jigsaw

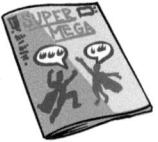

koomiks

comic

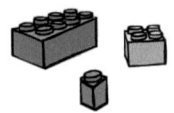

Lego klotsid

lego bricks

klotsid

building blocks

kujuke

action figure

siputuspüksid

babygrow

lendav taldrik

frisbee

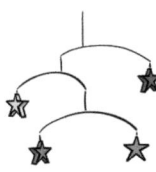

voodikarussell

mobile

lauamäng

board game

täringud

dice

mudelrong

model train set

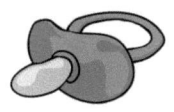

lutt

dummy

pidu

party

pildiraamat

picture book

pall

ball

nukk

doll

mängima

play

liivakast

sandpit

kiik

swing

mänguasjad

toys

mängukonsool

video game console

kolmerattaline jalgratas

tricycle

mängukaru

teddy bear

riidekapp

wardrobe

# riietus

## clothing

sokid

socks

sukad

stockings

sukkpüksid

tights

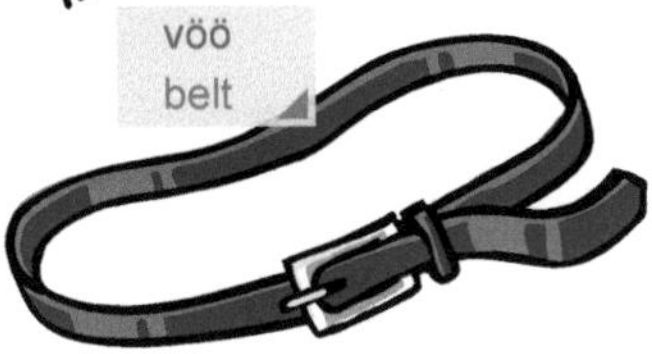

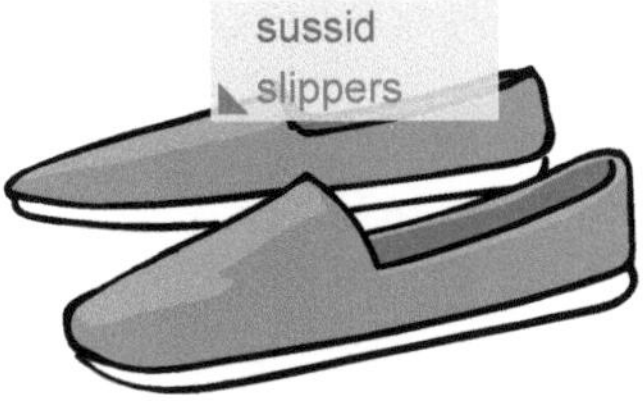

sall
scarf

vihmavari
umbrella

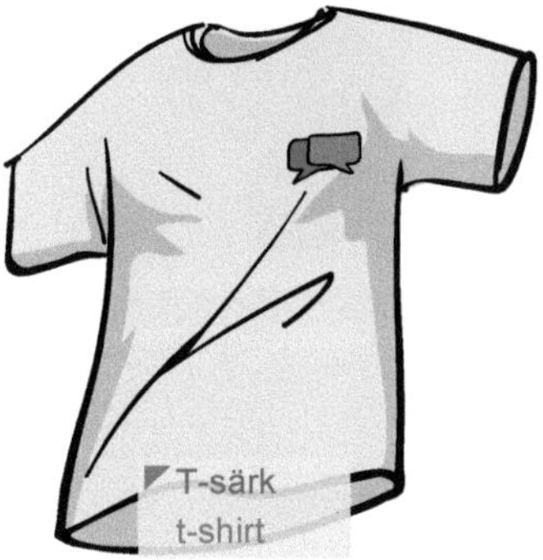

vöö
belt

T-särk
t-shirt

saapad
boots

sussid
slippers

tossud
trainers

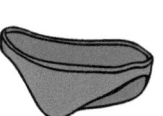

sandaalid
.................
sandals

jalatsid
.................
shoes

kummikud
.................
rubber boots

aluspüksid
.................
underpants

rinnahoidja
.................
bra

vest
.................
vest

riietus - clothing

bodi
body

püksid
trousers

teksapüksid
jeans

seelik
skirt

pluus
blouse

särk
shirt

sviiter
pullover

dressipluus
hoodie

bleiser
blazer

jakk
jacket

mantel
coat

vihmamantel
raincoat

kostüüm
costume

kleit
dress

pulmakleit
wedding dress

**ülikond**

suit

**öösärk**

nightgown

**pidžaama**

pyjamas

**sari**

sari

**pearätt**

headscarf

**turban**

turban

**burka**

burqa

**kaftan**

kaftan

**abayah**

abaya

**ujumistrikoo**

swimsuit

**ujumispüksid**

trunks

**lühikesed püksid**

shorts

**dressid**

tracksuit

**põll**

apron

**kindad**

gloves

nööp

button

prillid

glasses

käevõru

bracelet

kaelakee

necklace

sõrmus

ring

kõrvarõngas

earring

nokamüts

cap

riidepuu

coat hanger

kaabu

hat

lips

tie

tõmblukk

zip

kiiver

helmet

traksid

braces

koolivorm

school uniform

vormirõivad

uniform

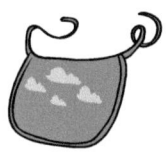

pudipõll

bib

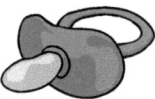

lutt

dummy

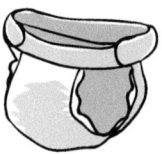

mähe

nappy

# kontor
## office

server
server
arhiivikapp
filing cabinet
printer
printer
paber
paper
monitor
monitor
hiir
mouse
kirjutuslaud
desk
kaust
folder
klaviatuur
keyboard
paberikorv
waste-paper basket
arvuti
computer
tool
chair

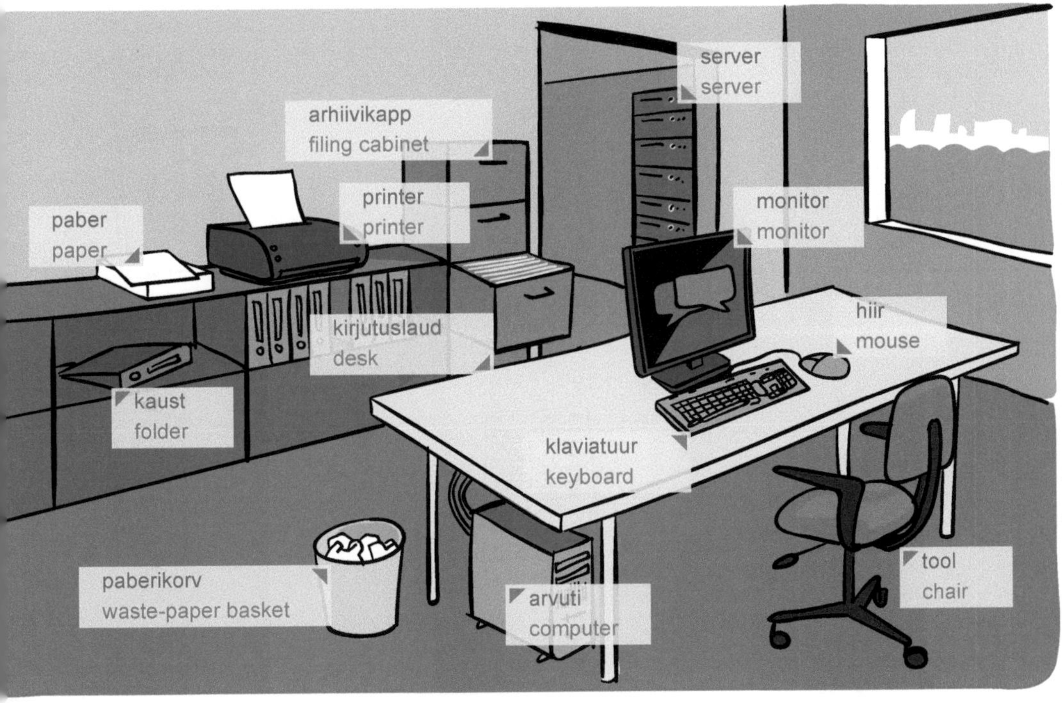

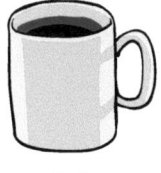

kohvikruus

coffee mug

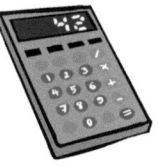

kalkulaator

calculator

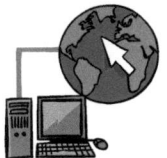

internet

internet

sülearvuti

laptop

kiri

letter

sõnum

message

mobiiltelefon

mobile

võrk

network

koopiamasin

photocopier

tarkvara

software

telefon

telephone

pistikupesa

plug socket

faksimasin

fax machine

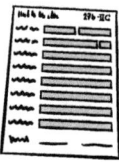

vorm

form

dokument

document

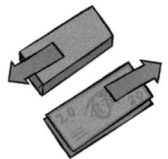

ostma

buy

maksma

pay

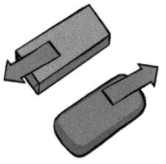

vahetama

trade

raha

money

 **USD**

dollar

dollar

 **EUR**

euro

euro

 **JPY**

jeen

yen

 **RUB**

rubla

rouble

 **CHF**

Šveitsi frank

Swiss franc

 **CNY**

renminbi jüaan

renminbi yuan

 **INR**

ruupia

rupee

sularahaautomaat

cashpoint

valuutavahetuspunkt

bureau de change

kuld

gold

hõbe

silver

nafta

oil

energia

energy

hind

price

leping

contract

maks

tax

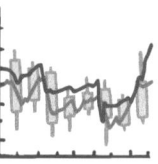

aktsia

stock

töötama

work

töötaja

employee

tööandja

employer

tehas

factory

kauplus

shop

# ametid
## occupations

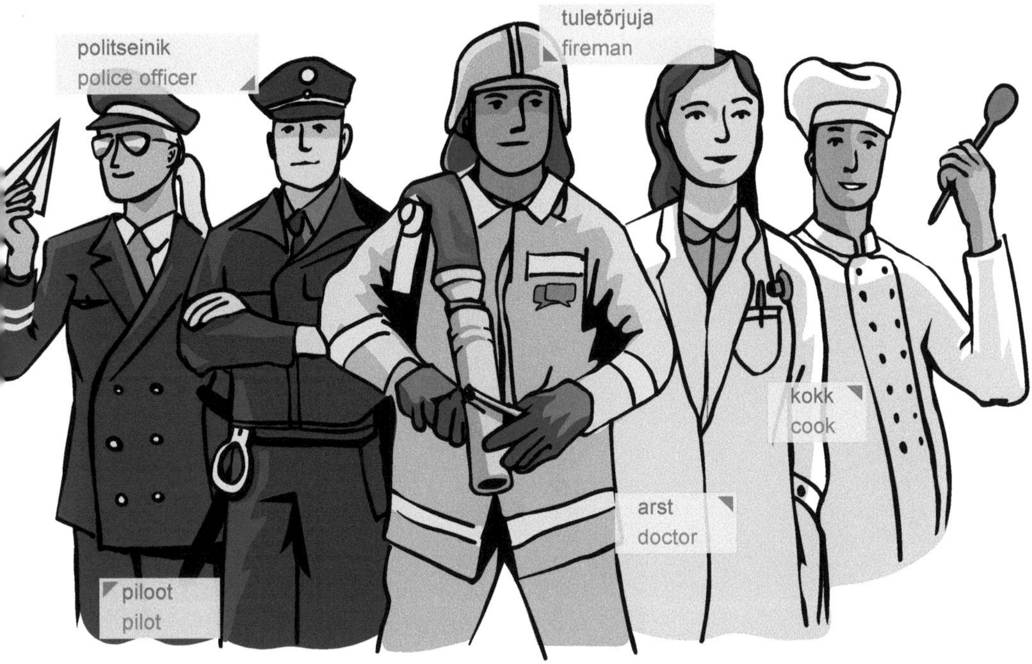
politseinik
police officer
tuletõrjuja
fireman
kokk
cook
arst
doctor
piloot
pilot

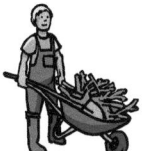

aednik

gardener

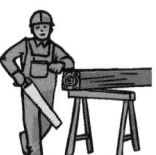

puusepp

carpenter

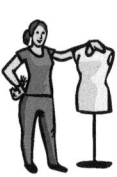

õmbleja

seamstress

kohtunik

judge

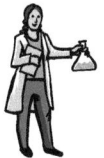

keemik

chemist

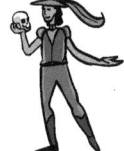

näitleja

actor

bussijuht

bus driver

taksojuht

taxi driver

kalamees

fisherman

koristaja

cleaning lady

katusepaigaldaja

roofer

kelner

waiter

jahimees

hunter

maaler

painter

pagar

baker

elektrik

electrician

ehitaja

builder

insener

engineer

lihunik

butcher

torumees

plumber

postiljon

postman

**sõdur**

soldier

**arhitekt**

architect

**kassapidaja**

cashier

**lillemüüja**

florist

**juuksur**

hairdresser

**piletikontrolör**

conductor

**mehaanik**

mechanic

**kapten**

captain

**hambaarst**

dentist

**teadlane**

scientist

**rabi**

rabbi

**imaam**

imam

**munk**

monk

**preester**

clergyman

# tööriistad

## tools

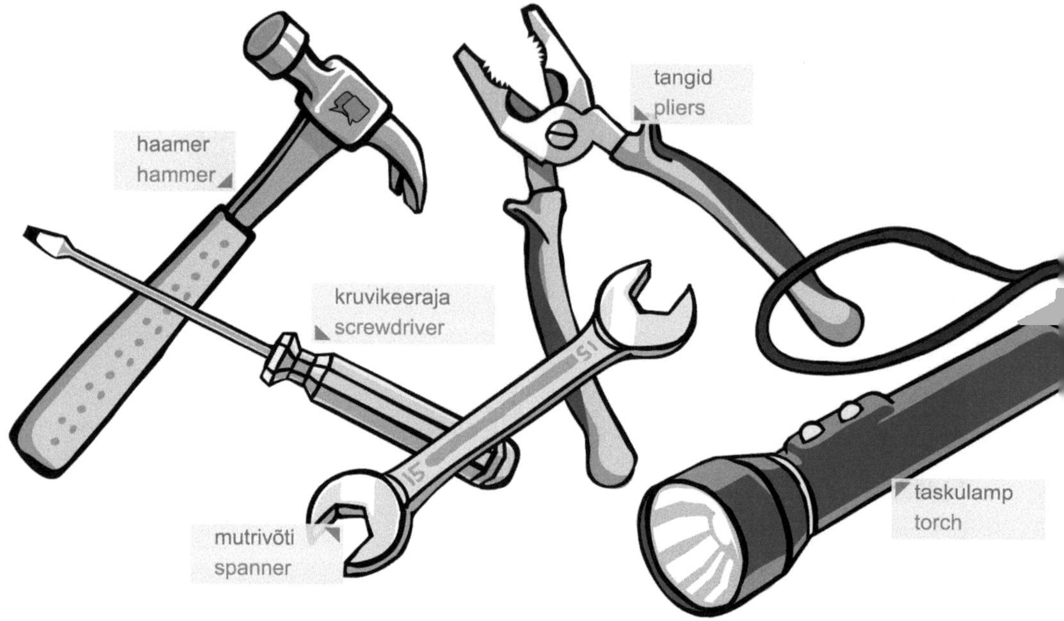
haamer
hammer
tangid
pliers
kruvikeeraja
screwdriver
mutrivõti
spanner
taskulamp
torch

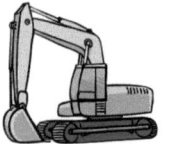

ekskavaator
digger

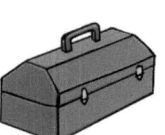

tööriistakast
toolbox

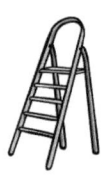

redel
ladder

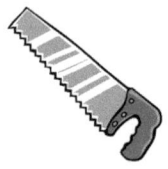

saag
saw

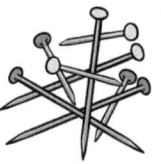

naelad
nails

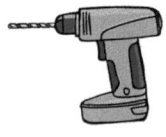

trell
drill

parandama
repair

labidas
shovel

Põrgusse!
Damn!

kühvel
dustpan

värvipott
paint pot

kruvid
screws

# pillid

## musical instruments

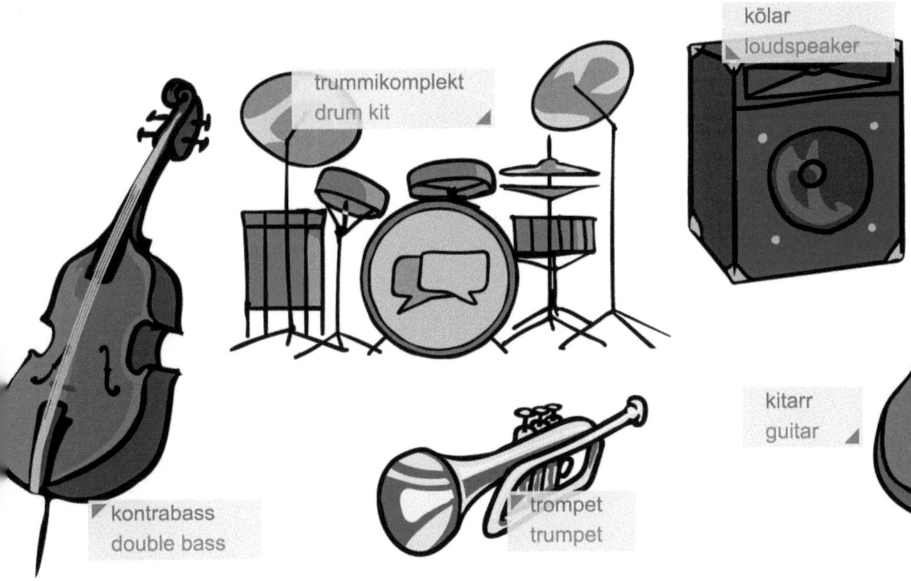

kõlar
loudspeaker

trummikomplekt
drum kit

kitarr
guitar

kontrabass
double bass

trompet
trumpet

klaver

piano

viiul

violin

bass

bass

timpan

timpani

trummid

drums

süntesaator

keyboard

saksofon

saxophone

flööt

flute

mikrofon

microphone

# loomaaed

## zoo

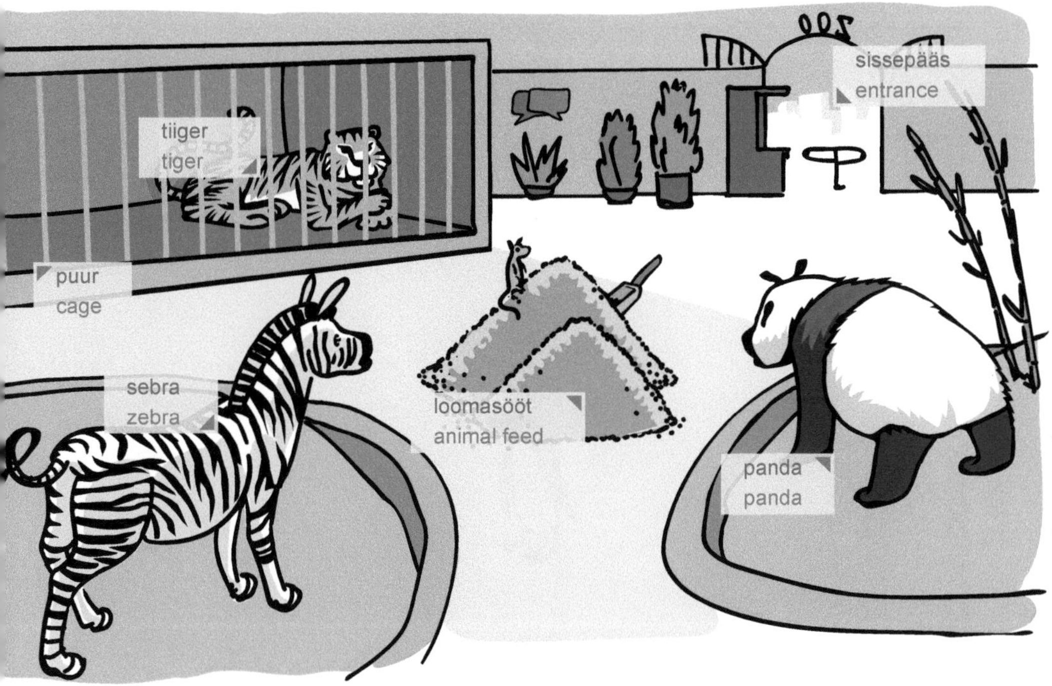

zoo
sissepääs
entrance
tiiger
tiger
puur
cage
sebra
zebra
loomasööt
animal feed
panda
panda


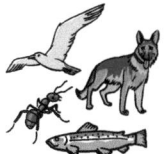

loomad
animals

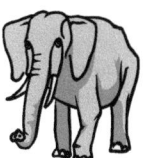

elevant
elephant

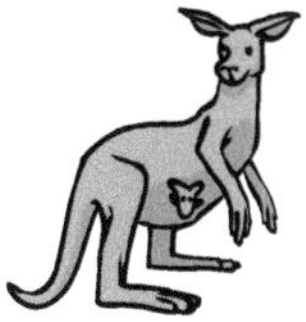

känguru
kangaroo

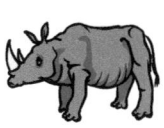

ninasarvik
rhino

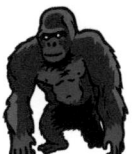

gorilla
gorilla

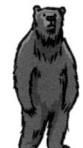

karu
bear

kaamel

camel

jaanalind

ostrich

lõvi

lion

ahv

monkey

flamingo

flamingo

papagoi

parrot

jääkaru

polar bear

pingviin

penguin

hai

shark

paabulind

peacock

madu

snake

krokodill

crocodile

loomaaiatalitaja

zookeeper

hüljes

seal

jaaguar

jaguar

poni
pony

leopard
leopard

jõehobu
hippo

kaelkirjak
giraffe

kotkas
eagle

metssiga
boar

kala
fish

kilpkonn
turtle

morsk
walrus

rebane
fox

gasell
gazelle

Ameerika jalgpall
American football

jalgrattasõit
cycling

tennis
tennis

korvpall
basketball

ujumine
swimming

poksimine
boxing

jäähoki
ice hockey

jalgpall
football

sulgpall
badminton

kergejõustik
athletics

käsipall
handball

suusatamine
skiing

polo
polo

# tegevused

## activities

naerma
laugh
hüppama
jump
kallistama
hug
jalutama
walk
laulma
sing
unistama
dream
palvetama
pray
suudlema
kiss

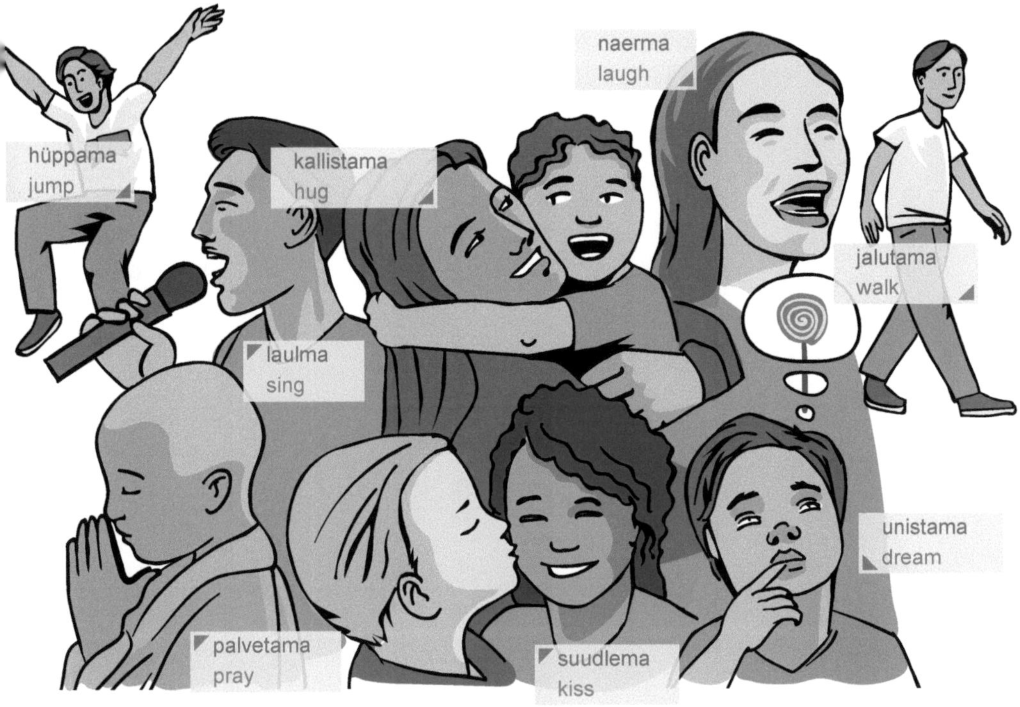

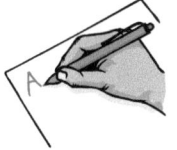

kirjutama

write

joonistama

draw

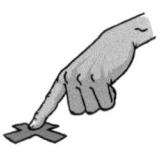

näitama

show

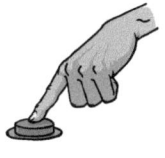

lükkama

push

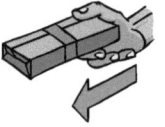

andma

give

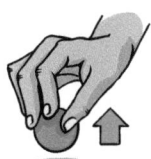

võtma

take

omama

have

tegema

do

olema

be

seisma

stand

jooksma

run

tõmbama

pull

viskama

throw

kukkuma

fall

lamama

lie

ootama

wait

kandma

carry

istuma

sit

riidesse panema

get dressed

magama

sleep

ärkama

wake up

vaatama

look at

nutma

cry

paitama

stroke

kammima

comb

rääkima

talk

aru saama

understand

küsima

ask

kuulama

listen

jooma

drink

sööma

eat

korrastama

tidy up

armastama

love

süüa tegema

cook

sõitma

drive

lendama

fly

purjetama

sail

arvutama

calculate

lugema

read

õppima

learn

töötama

work

abielluma

marry

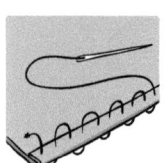

õmblema

sew

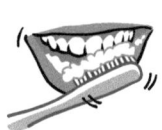

hambaid pesema

brush teeth

tapma

kill

suitsetama

smoke

saatma

send

vanaema
grandmother

vanaisa
grandfather

isa
father

ema
mother

imik
baby

tütar
daughter

poeg
son

külaline

guest

tädi

aunt

onu

uncle

vend

brother

õde

sister

# keha

# body

otsmik
forehead
silm
eye
õlg
shoulder
sõrm
finger
nägu
face
lõug
chin
käsi
hand
jalg
leg
rind
breast
käsivars
arm

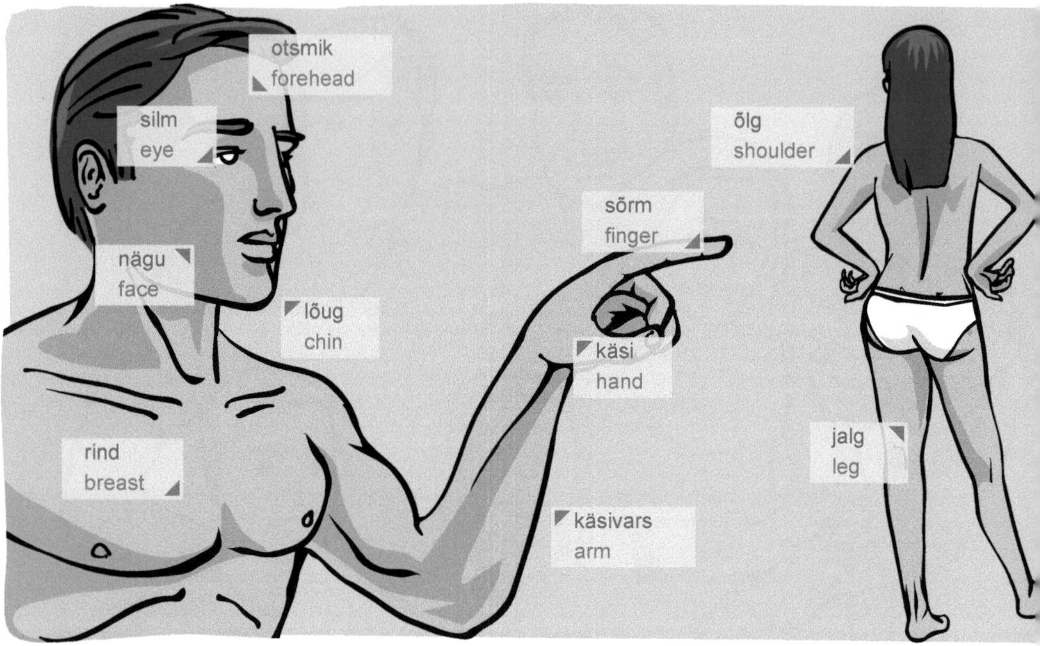

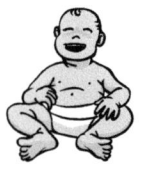

imik

baby

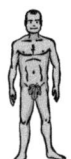

mees

man

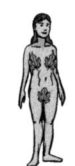

naine

woman

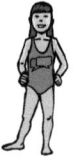

tüdruk

girl

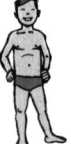

poiss

boy

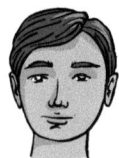

pea

head

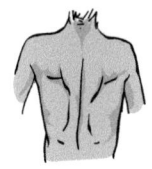

selg

back

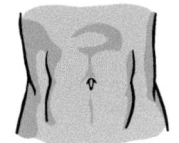

kõht

belly

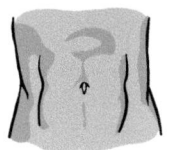

naba

belly button

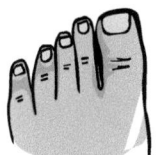

varvas

toe

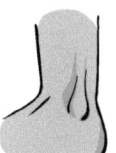

kand

heel

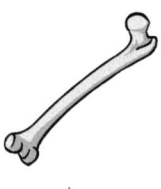

luu

bone

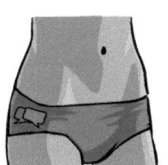

puus

hip

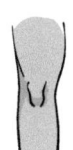

põlv

knee

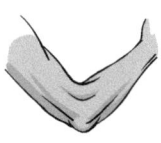

küünarnukk

elbow

nina

nose

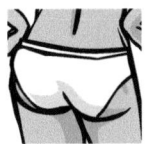

tagumik

bottom

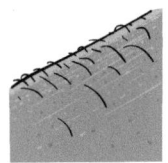

nahk

skin

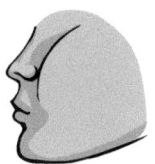

põsk

cheek

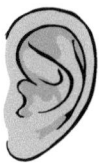

kõrv

ear

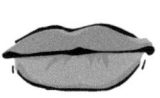

huuled

lip

**keha - body**

suu

mouth

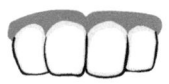

hammas

tooth

keel

tongue

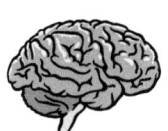

aju

brain

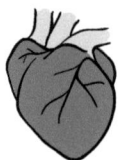

süda

heart

lihas

muscle

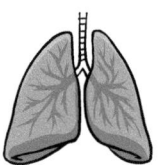

kops

lung

maks

liver

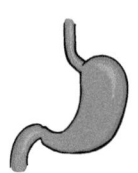

magu

stomach

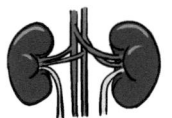

neerud

kidneys

seksuaalvahekord

sex

kondoom

condom

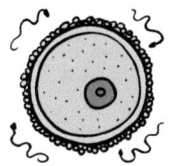

munarakk

ovum

sperma

semen

rasedus

pregnancy

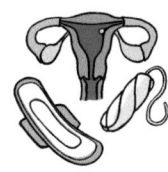

menstruatsioon

menstruation

vagiina

vagina

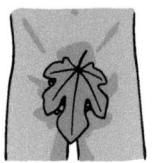

peenis

penis

kulm

eyebrow

juuksed

hair

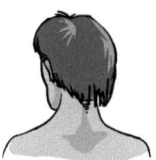

kael

neck

# haigla

# hospital

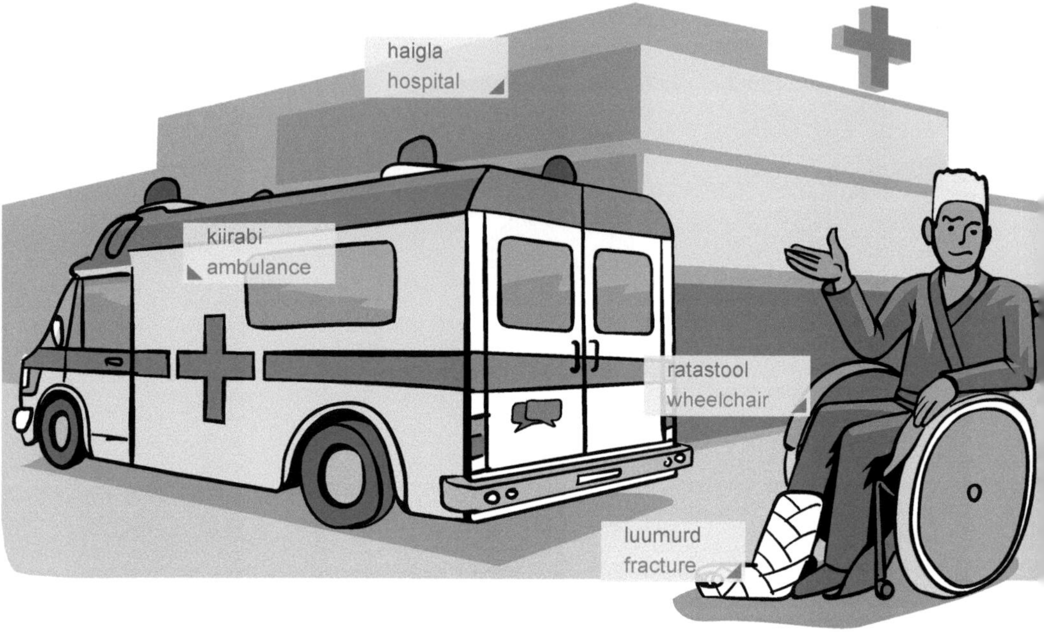

haigla
hospital
kiirabi
ambulance
ratastool
wheelchair
luumurd
fracture


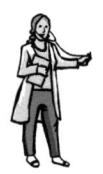

arst

doctor

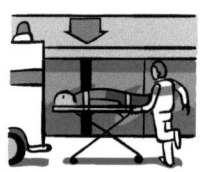

traumapunkt

emergency room

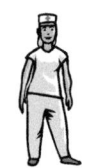

meditsiiniõde

nurse

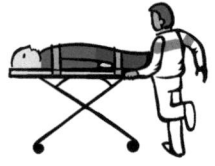

hädaolukord

emergency

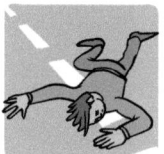

teadvuseta

unconscious

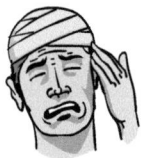

valu

pain

**vigastus**

injury

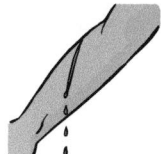

**verejooks**

bleeding

**südamerabandus**

heart attack

**insult**

stroke

**allergia**

allergy

**köha**

cough

**palavik**

fever

**gripp**

flu

**kõhulahtisus**

diarrhoea

**peavalu**

headache

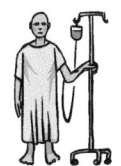

**vähk**

cancer

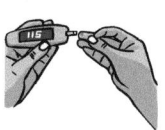

**diabeet**

diabetes

**kirurg**

surgeon

**skalpell**

scalpel

**operatsioon**

operation

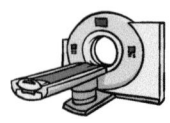

KT
CT

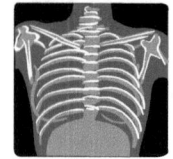

röntgen
x-ray

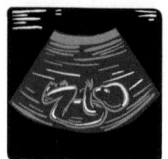

ultraheli
ultrasound

mask
face mask

haigus
disease

ooteruum
waiting room

kark
crutch

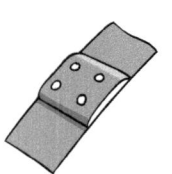

kips
plaster

side
bandage

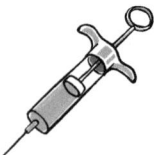

süst
injection

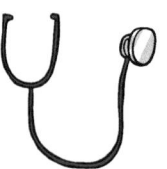

stetoskoop
stethoscope

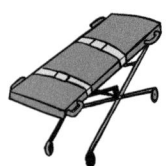

kanderaam
stretcher

kraadiklaas
clinical thermometer

sünd
birth

ülekaaluline
overweight

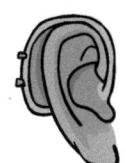

kuuldeaparaat

hearing aid

desinfektsioonivahend

disinfectant

põletik

infection

viirus

virus

HIV / AIDS

HIV / AIDS

meditsiin

medicine

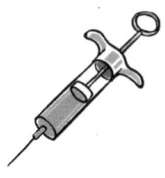

vaktsineerimine

vaccination

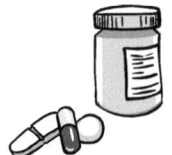

tabletid

tablets

pill

pill

hädaabikõne

emergency call

vererõhuaparaat

blood pressure monitor

haige / terve

ill / healthy

| | | |
|---|---|---|
| Appi! |  häire |  kallaletung |
| Help! | alarm | assault |
| 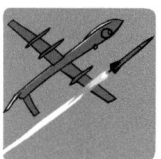 rünnak |  oht |  avariiväljapääs |
| attack | danger | emergency exit |
| Tulekahju! |  tulekustuti |  õnnetus |
| Fire! | fire extinguisher | accident |
| 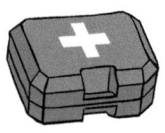 esmaabikomplekt |  SOS |  politsei |
| first-aid kit | SOS | police |

Euroopa

Europe

Põhja-Ameerika

North America

Lõuna-Ameerika

South America

Aafrika

Africa

Aasia

Asia

Austraalia

Australia

Atlandi ookean

Atlantic

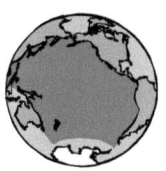

Vaikne ookean

Pacific

India ookean

Indian Ocean

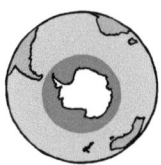

Lõuna-Jäämeri

Antarctic Ocean

Põhja-Jäämeri

Arctic Ocean

põhjapoolus

North Pole

lõunapoolus
South Pole

Antarktika
Antarctica

Maa
Earth

maismaa
land

meri
sea

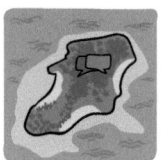

saar
island

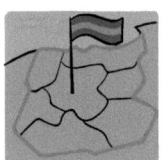

rahvus
nation

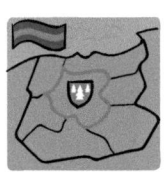

riik
state

sihverplaat

clock face

tunniosuti

hour hand

minutiosuti

minute hand

sekundiosuti

second hand

Mis kell on?

What time is it?

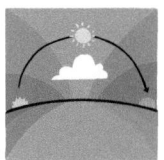

päev

day

aeg

time

praegu

now

digitaalne kell

digital watch

minut

minute

tund

hour

# nädal
# week

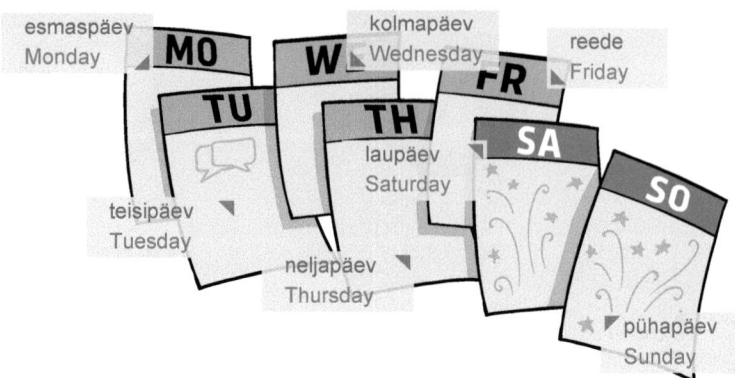

esmaspäev / Monday — **MO**
teisipäev / Tuesday — **TU**
kolmapäev / Wednesday — **W**
neljapäev / Thursday — **TH**
reede / Friday — **FR**
laupäev / Saturday — **SA**
pühapäev / Sunday — **SO**

eile
.................
yesterday

täna
.................
today

homme
.................
tomorrow

hommik
.................
morning

lõuna
.................
noon

õhtu
.................
evening

tööpäevad
.................
business days

nädalavahetus
.................
weekend

# aasta

## year

vihm
rain
vikerkaar
rainbow
lumi
snow
tuul
wind
kevad
spring
sügis
autumn
suvi
summer
talv
winter


4.APRIL 11°
5.APRIL 4°
6.APRIL 13°
7.APRIL 8°
8.APRIL 10°


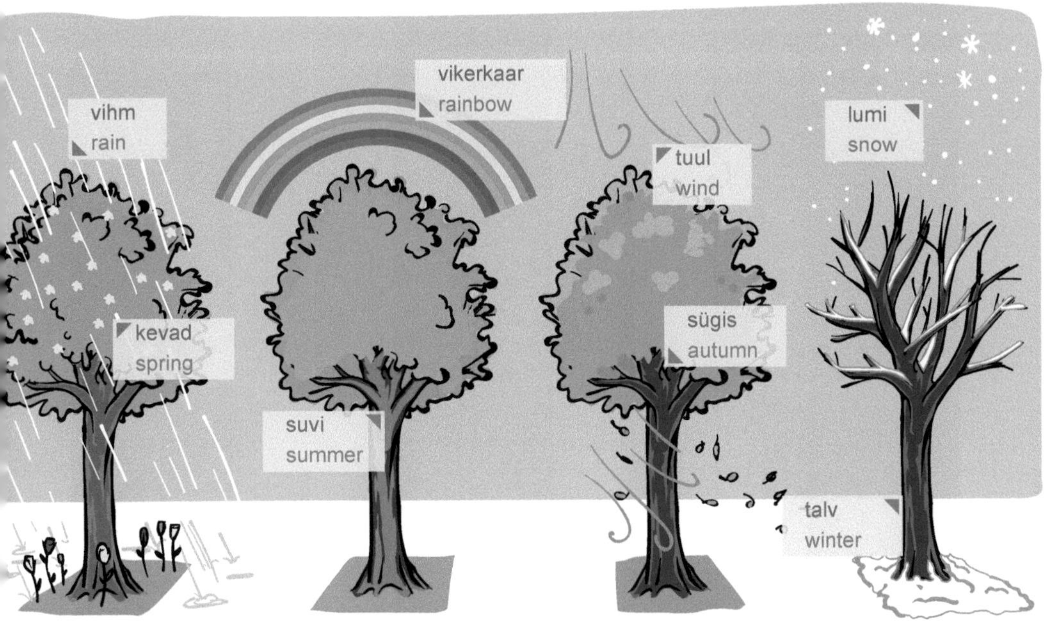

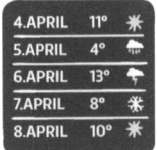

ilmaennustus
weather forecast

F C
120 40
90 30
60 20
30 10
0 0
-30 -10
-20


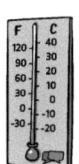

termomeeter
thermometer

päikesepaiste
sunshine

pilv
cloud

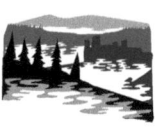

udu
fog

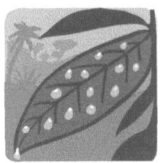

niiskus
humidity

pikne

lightning

kõu

thunder

torm

storm

rahe

hail

mussoon

monsoon

üleujutus

flood

jää

ice

jaanuar

January

veebruar

February

märts

March

aprill

April

mai

May

juuni

June

juuli

July

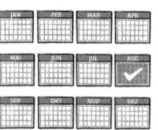

august

August

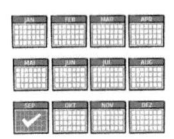

september
................
September

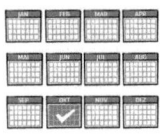

oktoober
................
October

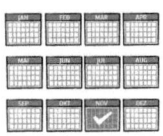

november
................
November

detsember
................
December

ring
................
circle

ruut
................
square

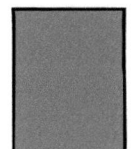

nelinurk
................
rectangle

kolmnurk
................
triangle

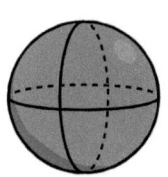

kera
................
sphere

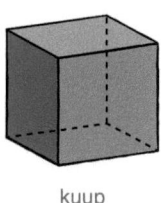

kuup
................
cube

valge

white

kollane

yellow

oranž

orange

roosa

pink

punane

red

lilla

purple

sinine

blue

roheline

green

pruun

brown

hall

grey

must

black

**palju / vähe**

a lot / a little

**vihane / rahulik**

angry / calm

**ilus / inetu**

beautiful / ugly

**algus / lõpp**

beginning / end

**suur / väike**

big / small

**hele / tume**

bright / dark

**vend / õde**

brother / sister

**puhas / must**

clean / dirty

**täielik / puudulik**

complete / incomplete

**päev / öö**

day / night

**surnud / elus**

dead / alive

**lai / kitsas**

wide / narrow

söödav / mittesöödav

edible / inedible

kuri / sõbralik

evil / kind

põnevil / tüdinud

excited / bored

paks / peenike

fat / thin

esimene / viimane

first / last

sõber / vaenlane

friend / enemy

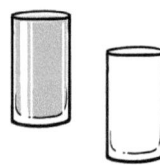

täis / tühi

full / empty

kõva / pehme

hard / soft

raske / kerge

heavy / light

nälg / janu

hunger / thirst

haige / terve

ill / healthy

ebaseaduslik / seaduslik

illegal / legal

tark / rumal

intelligent / stupid

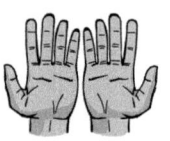

vasak / parem

left / right

lähedal / kaugel

near / far

uus / kasutatud

new / used

mitte midagi / midagi

nothing / something

vana / noor

old / young

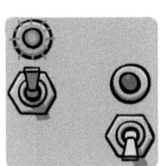

sees / väljas

on / off

lahti / kinni

open / closed

vaikne / vali

quiet / loud

rikas / vaene

rich / poor

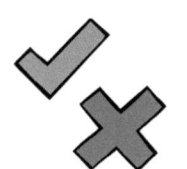

õige / vale

right / wrong

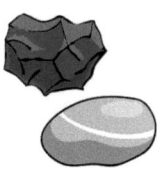

kare / sile

rough / smooth

kurb / rõõmus

sad / happy

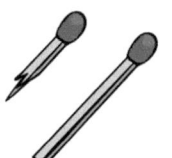

lühike / pikk

short / long

aeglane / kiire

slow / fast

märg / kuiv

wet / dry

soe / jahe

warm / cool

sõda / rahu

war / peace

# numbrid
## numbers

**0**

null

zero

**1**

üks

one

**2**

kaks

two

**3**

kolm

three

**4**

neli

four

**5**

viis

five

**6**

kuus

six

**7**

seitse

seven

**8**

kaheksa

eight

**9**

üheksa

nine

**10**

kümme

ten

**11**

üksteist

eleven

**12**

kaksteist

twelve

**13**

kolmteist

thirteen

**14**

neliteist

fourteen

**15**

viisteist

fifteen

**16**

kuusteist

sixteen

**17**

seitseteist

seventeen

**18**

kaheksateist

eighteen

**19**

üheksateist

nineteen

**20**

kakskümmend

twenty

**100**

sada

hundred

**1.000**

tuhat

thousand

**1.000.000**

miljon

million

numbrid - numbers

inglise

English

Ameerika inglise

American English

mandariini

Chinese Mandarin

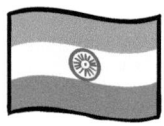

hindi

Hindi

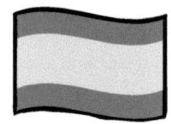

hispaania

Spanish

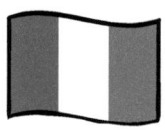

prantsuse

French

araabia

Arabic

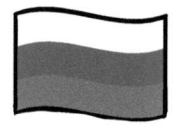

vene

Russian

portugali

Portuguese

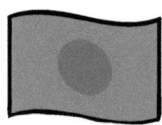

bengali

Bengali

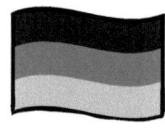

saksa

German

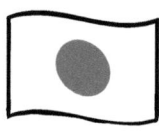

jaapani

Japanese

mina

I

sina

you

tema

he / she / it

meie

we

teie

you

nemad

they

kes?

who?

mis?

what?

kuidas?

how?

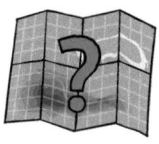

kus?

where?

millal?

when?

nimi

name

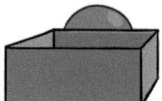

taga

behind

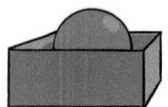

sees

in

ees

in front of

kohal

over

peal

on

all

under

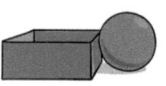

kõrval

beside

vahel

between

koht

place